아버지의
풍차

아버지의 풍차

초판 1쇄 발행 2024년 11월 20일

지은이 차 율리아나
펴낸이 장현수
펴낸곳 메이킹북스
출판등록 제 2019-000010호

디자인 이정아
편집 이정아
교정 강인영
마케팅 김소형

주소 서울특별시 구로구 경인로 661, 핀포인트타워 912-914호
전화 02-2135-5086
팩스 02-2135-5087
이메일 making_books@naver.com
홈페이지 www.makingbooks.co.kr

ISBN 979-11-6791-625-9(03810)
값 13,000원

ⓒ 차 율리아나 2024 Printed in Korea

잘못된 책은 구입하신 곳에서 바꾸어 드립니다.
이 책의 전부 또는 일부 내용을 재사용하려면 사전에 저작권자와 펴낸곳의 동의를 받아야 합니다.

 홈페이지 바로가기

메이킹북스는 저자님의 소중한 투고 원고를 기다립니다.
출간에 대한 관심이 있으신 분은 making_books@naver.com로 보내 주세요.

출렁이며 앵앵거리는 노랫소리,
등이 구부정하게 휘어진 쇠막대기,
귀퉁이 삼각 상자 속 바늘을 물고
파도를 탄다.

시인의 말

내면에서 오랫동안 몸살 내던 말들에게
날개를 달아 주었다

먼 길을 돌아 평화의 섬에 도착한 나는
날마다 배우며 새롭게 태어난다
가진 것에 감사하며 기쁘게 사는 것

내가 쉬는 숨마다 참 맛있고 좋다

2024년 가을 차 율리아나

| 목차 |

시인의 말　　　　　　　5

1부 별들의 안부

나무	11
못	12
출항 - 명랑한 영안실	14
설국 연가	16
그 자리	17
아버지의 풍차	18
꿈	20
엄마	21
난 잠들지 않았다고요	22
엄마의 생일	24
거울	25
노미	26
염	27
화해	28
핏줄	29
그대, 우주 주소는?	30
내 이별의 색깔은 하얀 색	31

2부 뽀작꽃을 아시나요?

뽀작꽃	33
왜 그랬을까	34
달려라 철가방	35
덕일 상회	36
쑥덕거리다	37
그해 유월	38
어떤 기억	39
그땐 그랬었지	40
달다	42

3부 길 위에서

그녀	44
상파울루 파머스 마켓	46
1월의 강 - 리우데자네이루	48
악마의 목구멍	
-아르헨티나 푸에르토 이과수폭포	49
물 위의 집	50
그 집 - 민주네 집	51
유월, 간양리	52
영정사진	54
미완의 줄탁	56
우포늪에서 가시연꽃을 보다	57
가배원에 물들다	58

4부 삶이 시시해질 때

7월	61
결	62
귀뚜라미	64
길을 잘못 든 여자	65
놓쳐 버리다	66
낙엽을 읽다	68
밤새 누군가 벽을 두드렸다	69
은빛 다방	70
운수 좋은 날	72
자화상	73
쇼윈도 치매	74
끌림에 대하여 - 시	75
부끄럽다는 말	76
중앙동 골목길	78
거미의 끈	79
꽃들은 젖지 않는다	80

5부 흐르는 얼굴도 강물도

퐁당이라는 말	82
풋살구	83
쪽물 - 인디고 블루	84
허기	86
흐르다	87
핼러윈이 뭐라고	88
폰 값 똥값	90
항아리	91
호두는 어둠을 원했다	92
껍데기와 비늘 사이	93

6부 황혼의 노래

나는 어디에도 없다	95
새하얀 어성초 꽃	96
마중	97
마지막 먹이	98
바람을 베끼다	99
바람의 자국	100
봄 감기	101
추억에서	102
삭제되다	103
서랍, 그 막장 칸에 대하여	104
집이 운다	105
닻을 내리다	106

차 율리아나 시인 첫 시집 《아버지의 풍차》 해설
마음과 마음을 잇는 자전적 고백의 시   108

1부

별들의 안부

나무

때로 적막한 틈새로
내 안에서 숨 쉬는
나무 하나 있다
바하칼리포르니아의
엔세나다 항구
달리아 꽃잎에 홀려
데킬라 술잔에 빠진 적 있었던

풍랑 높던 어느 봄밤
멕시코 가는 어지럽던 뱃길
유람선 붉은 카펫이
빙글빙글 돌아
침대에 누워서야 알았다
파도에 몸 맞추며
푸른 피톨 부대껴 온 마흔 해

망망대해 햇덧에 걸려
천천히 말라갔던
그 나무

못

- 당신 왜 이렇게 늙었어?
이 남자가 단단히 바람이 들었구나,
- 당신 애인 생겼어?
- 생겼지 그럼
- 젊고 예뻐?
- 그럼, 무지하게 젊고 예쁘지

그녀는 암소 눈망울에 비너스 몸매를 가진
메스티소 여인 베로니카,
난 마누라
색 바랜 검정 가죽 줄에 매달린 손목시계
수십 년간 팔목에 동여매어 늘어난 구멍,
베로니카와 바람이 들락날락했다
늘그막, 병으로 여윈 팔목에 끼우던
맨 안쪽 쪼그라든 구멍 속으로
살금살금 암세포 파고들었다
이제 그이는 가고
난, 마지막 남편의 유품을 걸기 위해 못을 친다

어설픈 망치질에 튕겨 나온 못
앗, 젊은 남편이다.
- 여보, 또 튀어 나가?

출항
- 명랑한 영안실

시민 장례식장 특5호실, 사진 속 한 남자가 웃고 있다. 흰 국화꽃 가지런히 놓인 제단, 진한 커피 잔에 김이 오른다. 막 원두를 갈아 내린 블랙커피를 좋아하던 사람, 낫 킹 콜을 들으며 신문을 볼 때도 50년 넘게 즐겨 마시던 커피, 커피에 절여진 그 피부 역시 블랙이다. 팝송과 커피 향에 잠이 깬 아내, 달달한 코코아와 토스트로 아이들에게 아침을 열어준 따뜻한 사람, 살다 간 뒤안길도 모던한 블랙일까? Nat king Cole은 'Too young'을 노래하는데

제단 위 사진, 풋풋한 그의 스무 살, 아내와 연애하던 서른 살, 세 아이들과 환하게 웃는 시절도 있다. 일생 중 그때가 가장 행복했다고 말하던 사람, 미국 롱비치에서 멕시코 가는 호화 유람선 승무원이던 그 남자, 카니발 선박 회사가 준 30년 장기근속 모범 상패에 이제 서서히 파도가 몰아치고, '남자의 일생' 드라마 한 편이 막을 내린다, 어느새 살며시 와서 아내 어깨를 토닥이는 그 남자

- 커피 맛이 참 좋네, 멋진 내 마지막 출항 준비 고마워요. 여보

낫 킹 콜의 목쉰 영가는 끝이 나고

설국 연가

당신 계신 그곳에도 눈이 내리나요

털신을 신고 살았던 북방의 겨울
눈구덩이 파고 항아리 속 동치미를 꺼내면
쥐고 있던 양푼에도 눈송이가 내렸지요
멀리서 누군가 외치던 찹쌀떡 소리에
살얼음 낀 동치미 국물 한 모금 들이켰던

쓸쓸을 베고 누운 이 밤
내 늙은 등 뒤로 눈은 속절없이 쌓이고
나도 그만 허술하게 녹아져 내려
당신을 가만히 불러 봅니다

싹을 숨긴 보리가 살며시 봄에 안기듯
나 당신에게 가는 날엔
펑펑 함박눈이라도 내렸으면 좋겠습니다

그 자리

먼 길 떠난 지 열두 해
살지도 죽지도 않은 그 사람

헬쑥한 겨울 햇살이 몸을 뒤척이는
밥상머리에 그림자만 앉혀놓고
가시 발라낸 생선 살을 숟가락 위에 올려놓는다

우리 마주 보고 앉은 밥상이 몇 해나 있었던가
입 안엔 그림자만 서걱거리고
흰쌀밥에 갖은 나물로
설날 아침에 혼자 밥을 먹는다

아버지의 풍차

1.

히로시마 금속 탐지 기사였던 아버지, 해방 후 귀국하며 가져오신 유성기 검은 상자 안 둥근 판이 뱅글뱅글 돌아간다. 출렁이며 앵앵거리는 노랫소리, 등이 구부정하게 휘어진 쇠막대기, 귀퉁이 삼각 상자 속 바늘을 물고 파도를 탄다. 기와집 햇살 바른 마루 끝 걸터앉은 다섯 살 계집아이, 이 속에 어떤 여자가 숨어 있을까? 상자 밑을 자꾸 들여다본다. 알 수 없는 수수께끼 같은 일본 노래, 아버지 응얼응얼 따라 부르다 빙그레 웃으신다. 사랑하던 게이코, "하이 구루마 상, 이랏샤이." 기모노 자락 흐느적거리며, 게다 짝 소리 달그락달그락, 아버지 허리 휘감는다. 조용히 바느질하시던 엄마의 쌍심지 켜진 눈, 바람난 아버지를 앞세워 어린것들 안고 현해탄 건너던 엄마의 속은 이미 숯검정이다.

2.
포항극장 옆 구멍가게 보던 동그란 얼굴 자그마한 숙이 엄마는 과수댁, 사교춤을 배워 밤마다 그 집 들락거리던 아버지, 뽕짝 노래 틀어 놓고 숙이 엄마와 뱅글뱅글 돌았다. 뭘 알겠나 싶어 눈가림으로 데려가신 다섯 살 철이, 우르르 집으로 달려와 방문을 박찼다. '씨~! 엄마, 아버지가 어떤 아줌마랑 껴안고 서서 막 돌아간다.' 방 문틈 사이로 보았다. 벽에 기댄 채 한숨 섞인 담배 연기 천장으로 후~ 뿜으며 눈물을 흘리던 쓸쓸하고 쓸쓸한 마흔 살 엄마의 봄, 아버지는 바람을 일으키는 풍차였다.

3.
바람 잘 날 없던 아버지의 바람, 쉰여섯 늙은 아버지 중풍으로 쓰러졌다.
그것도 바람이었다. 서울로 시집간 나를 데려다주고 돌아선 아버지의 등,
그 등 뒤로 바람이 서걱거렸다, 허무의 바람, 잦아들고 있었다.

꿈

목련 나뭇잎에
떨어지는 빗소리가
아련한 새벽
어둠 속에 그가 서 있다

반가움에 내가 안아 달라 조르자
그는 가만히 나를 보듬었다
그 익숙한 살냄새
그의 목소리
얼굴을 보려고 눈을 떴다
텅 빈 방 안엔 푸른 새벽만
가득 차올라
설움이 뚝뚝 떨어졌다

엄마

정월 해가 서산에 걸렸던 그날
부산대학교 병원 중환자실에
그녀는 납작하게 누워 있었다
실낱같은 명줄, 입속은 온통 핏덩이로
엉겨 붙은 채
허공을 휘젓는 손끝에 내 이름이 걸리고
일곱 남매 품었던 빈 껍질을 내려다보며
나는 어딘가에 숨은 뇌막염을 찾듯
쉰여덟 해 지난한 날들을 되짚어 보았다
도토리 같은 우리와 걸었던 푸른 시절
열세 식구 먹이기 위해 그녀 몸에는
늘 땀띠 꽃이 자욱했다
그렇게 쉰내 나던 그녀에게 지금은
마른 풀잎 냄새가 나고

천천히 손에 힘이 빠지자
이제 그녀 훨훨 산을 넘고 있다

난 잠들지 않았다고요

- 애들 깨우지 말라니요, 아버지

추운 어느 겨울밤, 넓고 긴 방에 온 식구가 잠을 자던 시절, 열세 살이던 나는 눈만 꼭 감고 누워 있는데 아버지가 군고구마를 사 오셨나 보다, 양회 포대 봉지 부스럭거리는 소리며, 달콤한 군고구마 냄새가 코로 솔솔 들어왔다, 군침이 꼴깍 넘어가는 소리 조심스레 일어날까 망설이는데
어린 동생도 깨어 있는지 귓소리로 내게 묻는다
- 언니야, 자나?

새끼들 목에 걸린 엄마
- 애들 깨울까요,
- 다 자는데 뭐 관둬요, 아버지 말소리가 겨울밤 바람 소리에 묻히던

아버지 가신 겨울이 수십 번 지나도 찬바람 불어 군고구마 사 가지고 친정에 가면 너들 아버지도 이걸 잘 사 오셨지, 라며 엄마의 눈에 언뜻 보였던 아버지

엄마의 생일

눈 쌓인 마당 한구석에 풀 죽은 개와
말라붙은 개 밥그릇만 덩그렁 놓여 있던 날

보름달이 뜨기 전에는
가마솥에 물도 붓지 않고
개도 밥을 굶기던 풍속이 있었지

휘영청 달이 떠오르면
엄마는 가마솥에 바가지로 숭늉 물을 부었고
허기진 개는 수북한 양푼을 말갛게 핥았지
달의 이마에 깊은 주름과 그늘은
엄마 마음에 박힌 옹이였었지
지금은 눈 한 톨 내리지 않는 남쪽 고향 마을에서
내 몸에 따스한 손 하나가 오곡밥을 지었지
된장 주물럭거린 시래기 깔고 지진 동태찌개가
냄새마저 익숙한 엄마의 손맛

올해에도 정월 대보름날, 하늘에 떠오른 엄마

거울

쉰여덟 살에 떠난 당신이 거기에 살고 있었다
내가 당신을 만나고 난 후
그 눈은 찰나의 벽을 기어오르다
거울 속으로 들어간 지 오래다

나는 다시 그 앞에 서서
당신이 살고 있는 깊고 차가운 세계를
뚫어지게 바라보지만
나는 보이지 않는다

노미

저녁노을 기대어
스며든 안개가 몸을 푼다
실뱀처럼 기어들어
속절없이 허물어지는
삶의 경계
그녀의 삼우제 날
솔밭 우듬지에 남아 있는
불그레한 뼛가루가
그녀 분홍 트렌치코트
자락처럼 흩날리다가
아슴아슴 멀어져 간다

그녀
안개에 먹혀 버렸다

염

등이 방바닥에 맞붙은 어느 봄날 새벽
목울대에 계곡 물소리 따라
먼 길 떠나신 시어머니
복수가 차오른 불룩한 배가 내려가고

들숨 날숨 길
듣던 길
내보내던 길
새 생명이 태어난 길

이 모든 길을 나는
탈지면으로 꽉 막았다
세상과의 통로가 닫히는 소리

명주 옷자락에 고인
기다림도 설움도 훌훌 벗어 놓고
일흔여섯 막이 내렸다

화해

화장한 시어머니 골분 항아리 집에 모셔 왔다
손 없는 날 매장하자는 시누이 말,
거실 찻상에 모셔 둔 흰 보자기에
달빛이 환히 비추던 새벽
화장실 길 멈칫거리다 그 앞에 살며시 앉아
보자기 풀어놓고 시어머니 분골 항아리
쓰다듬는다

- 어머니, 왜 그리도 저를 구박하셨나요?
- 아가야 미안하다, 내 팔자 더러워서 괜한
트집 잡았네
마지막 옷 잘 입혀 보내주어 참 고맙구나,
내 가서 너들 잘살게 해 줄게 하시던 따스한
그 언약

청상과수 시어머니, 생과부 며느리 뒤늦은 화해
환한 새벽달 그녀의 등 토닥거린다

핏줄

어느 해 늦가을 저녁 답
죽도시장 골목 오빠의 단골 대폿집
따뜻한 방에 올라앉았다
술잔에 피어나는 유년 시절은
우려먹을수록 맛있는 안주다

도루묵찌개가 자작해지고
양은 주전자가 바빠질 즈음
먼 길 떠나버린 두 동생 이야기에
막걸리 담긴 양재기가 비틀거린다

가로등 아래 여윈 그림자를
지고 가는 그의 뒷모습을
바라보던 마음이 나보다 먼저
풀썩 주저앉고 말았다

이제는 어둠이 되어 버린 그의 황혼
누런 낙엽 한 잎이
터벅거리며 걸어간다

그대, 우주 주소는?

마지막 불꽃 사위어 가던 마른나무 한 그루가 쓰러졌다
그 잿더미 속에서도 붉은 혓바닥을 날름거리는 저 생의
질긴 끈
그토록 찬연했던 청춘도
세상 끝점에서 읽던 책, 마지막 페이지를 덮었다

한때, 안개 속 강가에 주저앉아
추억을 건져 올리던 양포 바닷가 낚시터에서
그는 무슨 생각을 했을까
그대, 훨훨 우주 뒤뜰로 갔다
그날 새벽하늘에 샛별 하나 돋아나고

내 이별의 색깔은 하얀 색

태풍 힌남노가 무자비하게 휩쓸고 간 아침에
집 앞 골목길 흙탕물 흔적 축축한 나의 백마는 꿈쩍도
하지 않는다
삼우제 미사 올린 날 새벽꿈에 오빠가 오셨다
- 동생 차 열쇠 좀 줘 봐라,
내 차를 타고 오빠는 곧은 산길 안개 속으로
휑하게 사라졌다
차 뒤 번호판이 선명하게 눈에 박히던 그 꿈,

일흔에 운전면허를 딴 내가 걱정되었는지
더 이상 운전하지 말라는 배려였을까

혈육과 단짝 애마를 한꺼번에 잃어버린
텅 빈 새벽,
이제 오빠는 우주 뒤에서 그 차 타고 별 밭 여행 즐기실까?

2부

뽀작꽃을 아시나요?

뽀작꽃

마당에 쪼그리고 앉은 딸아이,
빨래를 치대고 있다
골진 나무 빨래판에 거품이 뽀작뽀작 일어나며
조그만 손아귀에 피어나는 뽀작꽃
미끄럼 타다 밑 터진 바지와 양말 세 개를
치대며 뽀작꽃에게 말을 건다,

- 엄마는 언제쯤 오실까?

해그림자는 길게 누웠는데

때 묻은 내 실내화도 빨아볼까?

빨래할 때 나는 뽀작 소리가 재미난다는
여덟 살,
일찍 철이 들었지만 까르르 잘 웃던 아이가
피워내는 재미난 뽀작꽃

왜 그랬을까

초등학교 1학년 여덟 살 아들이 학교에 납부하고 남은 동전 5백 원을 교문 앞 군것질에 홀려 그냥 써버리고 온 날, 버릇 고친다며 종아리 매질하다 옷 발가벗긴 알몸으로 내쫓고 대문을 닫아걸었던 일, 여섯 살 딸애가 살그머니 나가서 오라비 데리고 들어와 모른 척했지만 참 다행스럽고 고맙기도 했지. 그 모진 짓을 훈육이라고 씩씩거리던 서른 중반, 엄부자모 두 역할 하느라 계모 같다는 소리도 들어가며 어린 자식 가슴을 인두로 지졌던 그 일,

선친 기일에 내려온 오십 줄 넘어선 아들과 소주잔 기울이다가, 언뜻 떠오르는 아프고도 미안했던 그 추억, 엄마, 왜 그랬어요?

달려라 철가방

자장면을 좋아하던 삼 남매
집에 전화가 없었던 그 시절
찬밥이 남아 있는 날 아홉 살 소년은
꽃무늬가 그려진 노란 밥통을 들고
시장 길모퉁이 문산각 중국집으로 달렸지

자장면도 아닌 자장소스만 주문하며
주인 눈치만 힐끔거리던 소년,
출렁거리는 양은 밥통을 끌어안고
비탈길 오르면서도 싱글거렸지
집에서 기다리는 두 동생 생각에
숨이 차올라도 오빠니까 신나게
귀밑머리 희끗한 그 소년은 지금,
오십 중반 비탈길을 헐떡이며 달리지

덕일 상회

자정 가까운 겨울밤 골목 끝 단골 점방에 갔다
삼십 촉 전구 불빛이 희미하게 새어 나오는 그곳
주인아저씨는 난로를 끼고 앉아 꾸벅꾸벅 졸고
몸을 움츠려 미닫이문 안으로 들어가자
벽에 기댄 연탄재와 찌그러진 냄비가
마지막 손님을 받았다

양회 봉투에 쌀 한 됫박과
새끼줄에 매달린 연탄 한 장을 사 들고 나온
나는
행여 누구라도 볼까 봐 빈곤을 뒤에 숨긴 채
골목길 위에 서니 검은 하늘이 한데 엉겨
별을
쏟아내고 있었다

쑥덕거리다

내 나이 서른다섯 즈음의 어느 봄날

동네 아낙들이 둔덕에 엎드려 너풀너풀한 쑥잎 뜯어 바구니마다 가득 채운 쑥을 데쳐 방앗간에 들고 갔지,
찹쌀 아닌 불린 차조를 넣어 찐, 찰지고 푸른 알몸, 포실하고 고소한 콩고물에 뒹굴어 놓은 쑥떡
그 고소한 봄을 씹으며 아낙들은 연신 쑥덕쑥덕
시댁 험담을 콩고물처럼 치마폭에 흘리며 키득거렸지
코흘리개 세 아이 찌든 운동화를 구정물에 치대며 화덕 같은 가슴이 쑥덕거리던 그해 봄

그해 유월

검정 고무신을 양손에 꼭 쥐고 암팡지게 소달구지를 따라 걸어가던 맨발의 내가 있다

깊은 산골짜기에 쳐놓은 움막을 들이받던 산돼지의 울음소리가 있다
엄마를 찾던 젖먹이 울음소리가 있다
양식을 구하러 백사십 리 길을 걸었던 아릿한 엄마의 흰 광목 치맛자락 소리
그믐밤 그 울음소리에 씻긴 새벽달이 있다

말랑하게 익은 머루 다래를 따 먹었던 달콤한 기억 뒤로 우박같이 쏟아지는 총알을 피해 뛰어 내려간 산비탈에 인민군 소년병 주검이 있다

어어? 빨갱이 얼굴이 어째서 하얗지?

전쟁은 늙지도 않고

아직도 축축한 기억 속에 매달려 있다

어떤 기억

한국동란 일어났던 그해 나는 여섯 살이었다 머리 위에 비행기 한 대가 요란한 소리를 내며 낮게 날아다니던 날, 동네 우물가에 서 있었던 나는 소달구지 밑에 머리를 처박고 떨고 있는 사람들을 보았다 허리춤이 내려간 희멀건 엉덩이쯤이야 아랑곳없이 모내기로 누렇게 흙물 든 광목 바짓가랑이를 마른 나무 같은 종아리에 둘둘 말아 올린 채, 그들은 땀에 절어 쉰내 나는 몸을 서로 엉겨 붙어 있었다 뒷집 아재가 더 엎드리고 안으로 들어가라 했지만, 엉거주춤 엉덩이만 쳐든 모습은 여섯 살 계집아이 눈에 얄궂고 우습기만 했는데

그해 유월,
우물가 옆집 담장 안에는 붉은 목단이 무더기로 무더기로 피어 있었다

그땐 그랬었지

불볕더위가 한여름을 달구던 날

바닷가를 걷다가 모랫바닥에 나무꼬챙이 한 개 꽂혀 있는 걸 보고 서서 한참 웃다가 떠올랐지

열 살쯤이던가, 동무들과 송도 바닷가에 멱 감으러 자주 갔었지, 그날도 옷과 고무신을 모래 속에 파묻어 놓고 나무꼬챙이 하나를 꽂아놓았지
그때는 그것이 아이스케끼 자루였다니까

파도를 타며 조그만 엉덩이를 요리조리 돌리면 발끝에 닿았던 조개껍데기의 매끈한 맨몸, 파도가 오지 않을 때 팔을 길게 뻗어 조개를 캐냈지, 해는 저물고 꼬챙이가 보이지 않아 이리저리 헤집었지 겨우 찾은 옷을 털어 입고 잡은 조개 몇 개는 손에 쥐고 젖은 팬티는 머리 위에다 이고 자박자박 걸어 집에 돌아갔지

바닷가 가서 모래 묻혀 오지 말라던 엄마를 대문 앞에서 딱 마주쳤지, 소금기 하얗게 얼룩진 발그레 익은 얼굴, 그날 조개를 받아든 엄마는 부엌으로 갔지, 저녁 밥상 국수 사발에 고명으로 올라앉은 오동통 조갯살과 눈을 맞추던 한여름 밤, 또 바다에 간 줄 알면서도 속아 주던 엄마의 미소가 지금도 내 안에 살아 있지

달다

유년 시절 마당에는 큰 감나무 한 그루 있었지
해마다 봄이 오면 연두 잎 반짝이고
감꽃이 입 벌리는 5월이면
희뿌연 새벽 마당에 떨어진 노란 감꽃을 입에 넣었지
꽃 진 후 떨어진 풋감은 작은 단지에 넣고 소금물로 채웠지

늦가을이면 가지마다 달린 붉은 납작감을
아버지는 긴 막대로 후려쳐서
지푸라기 켜켜로 깐 함지박에 담아 덮어 놓았지
감이 익어가는 날을 기다렸던 우리 일곱 남매
함지박 열던 날, 동생들이 다 먹어 버렸지

그날 밤
조용히 날 깨우던 소리
엄마가 건네주시던 홍시 한 개,
그 야들하고 말캉한 단맛, 지금도 달다

3부

길 위에서

그녀

양철 대문 밀고 들어서면
석류나무 있는 고모네 집
장독대 옆 우물은 닫힌 지 오래
방학이면 놀러 오던 눈 큰 가시내
일흔 넘은 아직도 겅중거린다

씨눈 많은 자주감자
무쇠솥에 삶아 주시던
곱던 고모의 손은 나무껍질 되었다
앞마당 밭에 앉아 푸성귀 다듬으며
- 아이고, 어서 죽어야 할 건데,
올 김장만 해서 다 나눠주고
내년엔 내가 또 할라나

헛소리로 보낸 겨울이 어언 여러 해
- 고모. 참말로 죽고 싶어요?
- 말이 그렇다는 거지 뭐,
여든셋 골진 고모 볼에 석류꽃 활짝 핀다
뒤란 측간 옆 단감나무도 감이 듬성듬성
새 각시 때부터 살았다는 백 년 된 고모네 집
나이 먹는 모든 것 그녀 닮았다

고모가 떠난 빈집에 바람이 산다

상파울루 파머스 마켓

그날 나는 상파울루 변두리 일요일에만 열린다는 직거래
장터 파머스 마켓에서 야자열매 한 통 사들고 이 골목 저
골목 장 구경 다니는데

'아줌마 이리 와' 웬 한국말 소리에 돌아보니
브라질 청년 구릿빛 미소가 몸에 착 감긴다
그의 손길에 불볕 먹고 자란 채소 과일,
좌판에 피어난 각양각색 꽃 무더기다
담장 안에 곱게 핀 꽃, 보랏빛 세라,
붉은빛 히비스커스에 홀려 서 있는데
지나가던 경상도 노파가 말을 걸었다
- 보소, 아줌마요, 한국서 여행 왔습니꺼?
여기 이민 오소 마, 살아 보니 참 좋아요

어느 바람결엔가 멀고 먼 남국 땅에
무궁화 홀씨로 뿌리내린 굽은 등걸,
언뜻, 그녀 눈에 고인 갈망은 고향 집에 가 있는데
어렵사리 피워낸 그 꽃 아릿한 숨결에 젖어
난 갑자기 목이 마르다

1월의 강
- 리우데자네이루

1월의 강에 여름을 풀어 놓았다

브라질 코파카바나 해변, 움푹 들어간 둥그런 해안선이 강으로 보였던 1월에 발견한 바다,
생기 넘치는 은모래 십 리 길
물결무늬 타일 산책로 걷다 보니, 포르투갈 리스본까지 와 있다

보슬비 내리는 저녁, 골목길 식당에 들어섰다
희미한 전등 색 바랜 나무 식탁에 앉아
월남 국수 빗물에 말아먹고 와인도 한 잔씩 홀짝거렸다
그사이 비가 그치고 저 언덕배기 꽃 등불이 켜지는 시간
리우의 달동네 파벨라, 그곳은 마약 살인 우범지대지만
지붕 없는 흙벽 집에 달이 뜨는 곳,
지독하게 가난해도 그들은 가슴에 별을 키우며 산다, 그해 1월 나는 리우에서 가져온 젖은 별 하나 내 영토에 심어 두었다

악마의 목구멍

- 아르헨티나 푸에르토 이과수폭포

영혼을 가져가 버린다는 게 저놈의 유혹인가,
한 달 두세 명 관광객, 저 목구멍 속으로 뛰어든다는데

1킬로미터 나무다리를 건너가면 어디선가
으르렁거리는 소리가 점점 커지고
휘몰아치는 급물살 소용돌이로 빨려 들어가는 거대한 목구멍 큰 입을 벌려 거친 숨 토해 내는 물비늘 위, 수십 미터 무지개가 수직으로 서 있다
내 안에서 꿈틀거리던 순결한 슬픔이
그의 목구멍으로 뛰어들어 사라진다면
모든 기억과 흔적은 모조리 침몰하고 말까
저놈, 세상 순한 먹이들을 찾느라 큰 눈을 부라리지만,
그리 녹록하지만은 않고
물소리 연신 내 귀를 물어뜯는데
등 뒤 팻말이 쏟아내는 한 문장,

- 당신의 언어로 나를 묘사하려 애쓰지 마시오
난 그만 납작해진다

물 위의 집

코타키나발루 수상 가옥 촌
얼기설기 얽힌 나무다리를 건너다보면
물 위에 떠 있는 어설픈 판잣집들
펄럭이는 저 빨래들, 깃발처럼 꽂혀
천천히 말라가고 있다

아이에게 젖을 먹이는 젊은 여자들과
커다란 눈만 껌뻑거리는 아이들
그들의 눈 속에 내가 서 있고

누가 만든 것이냐 저 생존을
누가 길들여 놓은 것이냐 저 평화를
넘치도록 누리는 내 삶 위로 불볕더위 내리고
염치없이 하늘은 푸르다

그 집
- 민주네 집

북한산 자락 한옥 마을 아홉 칸 그 집,
편백나무가 뿜어내는 숲 향이 나는 그 집
한지 통창 하나를 열면
또 한 개가 스르르 따라와
미닫이 긴 틈으로 몸을 숨기고
작은 연못에 빠진 구름이 몸을 불린다

풍금 건반 무늬 계단이 있어 즐거운 그 집,
황토 빛 계단에 살며시 발을 디딜 때마다
각기 다른 경쾌한 음이 통통 튀어나오는 그 집
그 소리는 꼬리를 물고 골뱅이 계단을 돌아
4층 천장까지 날아오른다
북한산 산그늘이 스르르 내려오는 늦가을 그 집

유월, 간양리

1.
그해 유월, 멀고 먼 미국 '라 케냐다' 사는 막내딸 그리워 찾아간 충청도 사돈댁, 짙푸른 산 그림자가 무논에 일렁인다, 달빛 하얀 길 연둣빛 모순 가지런한 논에 개구리가 울어대는데, 외양간에는 눈물 그렁그렁한 큰 눈, 이제 막 그 순한 수십 개 창을 닫은 소들의 숨소리가 초여름을 재운다

2.
갑자기 외양간이 소란하다 암소가 새끼를 낳으려는지 불룩한 배로 어슬렁거리며 찐득한 콧물을 흘리는데, 허약한 사부인이 잽싸게 외양간 바닥에 짚을 깔았다 씩씩거리던 소가 끙 하고 힘을 주자, 뒷발부터 내민 흠뻑 젖은 송아지가 바닥에 툭 떨어져 무릎을 꿇었다 힘없는 다리로 어기적거리며 주저앉는 게 여러 번, 마침내 엉거주춤 일어서자마자 바로 발자국을 옮기는 저 경이로운 생의 첫걸음

3.
소 목덜미를 쓰다듬는 사부인 손, 첫 미역국 쇠죽을 먹지도 못한 어미 소가 쩝쩝 소리를 내며 혓바닥으로 송아지 몸을 핥아 준다 저들처럼 나도 우리 막내를 집에서 혼자 낳았는데 젖만 주면 울지도 않고 잘 커 준 순한 새끼였다, 열두 살 적 첫 몸 꽃이 피었을 때도 조그만 손으로 빨랫줄에 매달아 놓은 막내딸의 희고 순결한 깃발

4.
그래 그거였구나, 아들만 둘인 사돈댁 맏며느리로 살갑게 딸 노릇 하며 동그란 창들을 매단 저들과 소띠 딸이 한 우리에 등재된 건, 순전히 뭔가 있다
아마도 순한 것들끼리는 질긴 동아줄로 꽁꽁 묶여 있는 게 틀림없다
모든 창이 닫힌 적막한 외양간, 말간 보름달이 순한 빛 내려주는 예산읍 간양리

영정사진

아버지 10주기에 내려온 반백의 아들과
밥상머리에서 이런저런 3년 시간을 안주 삼아
반주 한잔 걸친다
뜬금없이 불쑥 내뱉은 아들의 말,
- 이제 어머니도 더 늙기 전에 영정사진 찍어 놓으세요
황당한 내 얼굴을 본 아들은 민망한 듯
- 아니, 그걸 미리 준비해 놓으면 오래 사신다 해서요
그래, 내 어릴 적 칠순 할머니도
수의를 미리 해놓으면 명이 길다고
할머니 회갑 때, 고모님들 눈물 무늬 바느질로
엷은 미색 명주옷 지어 놓았지
할머니는 그 화려한 외출복을 가끔 꺼내어
펼쳐 놓고
마른 손바닥으로 애틋하게 쓰다듬으며
- 내가 입고 먼 길 갈 옷이라더니
다음 해 눈 녹은 3월,
그 옷 입고 아주 먼 길 가셨지

그래 맞아, 나도 그럴 때가 됐으니까 하면서도
철없는 마음은 꼿꼿하게 고개를 쳐들어

나는 가끔
한 가닥 남은 열정이 치근대는 날
은근히 타오르는 불꽃을 피운다

미완의 줄탁

외손자 준이는 말문을 닫은 아이다, 첫돌 지나 줄을 보면 끄집어내어 마구 흔들며
어미와도 눈을 맞추지 않는다, 엄마라는 흔한 그 한마디를 삼킨 채
머루알 같은 큰 눈을 껌벅거리며, 어미와 스티커로 교신한다
이제는 아이패드 문장으로 불평도 요구도 내보이는 코밑 거웃이 거뭇한 열여섯 살 준이가 살고 있는 세상은 깨지기 쉬운 유리 어항 속이다
용존 산소 부족이면 수면 위로 입만 뻐끔거리는 금붕어, 준이가 내뿜는 기포들은 말이 되지 못하고 수면에서 흔적 없이 꺼져버려
수초처럼 흔들거리는 그 눈동자 속, 주소는 없다
언제일까, 웅크리고 앉아 기도가 밥이 된 어미의 간절한 소망이 봉인을 찢고 준이가 엄마를 부르는 그날은!

우포늪에서 가시연꽃을 보다

경전을 읽는 저녁
가시 돋은 너는
붉은 혀로 입을 열었다

도도한 몸짓
생살 찢어 뚫고 나온
저 찬란
저 황홀

열기 토해내는 붉은 날숨
숨 가쁜 절정이다
적도의 반란이다

가배원에 물들다

기북면 덕동마을 작은 돌담길 들어서면
청사초롱 내걸어놓은 고즈넉한 찻집

그 집 돌계단 내려서면
잔디마당에 야생화가 지천으로 피어 있고
툇마루 위에 말아 올린 멍석과 등잔 호롱이
댓돌 위 검정 고무신 세 켤레 정겹게
내려다본다
뒤란 긴 나무 난간에 앉아
오월 숲 그늘을 바라보면
자박자박 계곡물 건너는
바람의 발자국 소리가
나는 숲이 되고 풍경이 되고
어떤 소리가 되기도 하는데

온기 어린 안방에 앉아 중국 운남성 자생
100년 고목 새순으로 우려낸 고수 홍차 한 잔에
치즈가 은밀하게 풋내를 품은 시금치 피자를
삼키며
계절이 지나가는 통유리창 바깥세상을 읽는 동안

말이 없어도 좋을 그곳,
잠시 나를 놓아버려도 좋을 그 집

오월에 나를 물들이는
그 집

4부

삶이 시시해질 때

7월

미루나무 그늘 평상에서
낮잠을 자다가 선잠 깬 바람이
푸른 비단결 논에 미끄러져
벼꽃을 깨운다

한 해 허리 꺾이고도
검푸르게 달리는 건장한 당신
그대를 향한 갈피마다
능소화 목이 길어진다

결

당신의 뿌리는
세상 어디에나 내려
한결같이 꽃을 피우나니

저녁 강에 흐르는 은빛 물결로
나뭇가지 끝에 이는 바람결로
그대 속 뜰 같은 비단결로
떨리는 손끝에 닿는 살결로
귓불에 스치는 뜨거운 숨결로
잠 못 드는 가을밤 꿈결로
살그머니 내게 오시는
당신은 누구입니까

고운 무늬 옷을 입은 당신
촘촘한 나이테 결을 따라
생각의 결을 맞추던 나를
달보드레한 잠결로 데려갈 즈음
어느결에 당신의 고른 숨결에서
물소리가 들립니다

귀뚜라미

가랑비 오는 밤
한 사내가 참 간절하게
부르는 노래
아침까지 하나의 색깔로
그녀만을 위해 몸이 열렸다

이윽고 그녀가 다가와
살며시 손을 내밀고
사내는 울창하고 뜨거웠던
마지막 페이지를 퇴고 중이다

길을 잘못 든 여자

누가 불렀을까
내 창가 자목련 가지 위에 앉은
나비 같은 여인, 불볕더위에
옷섶이 타들어 간다

보라 물빛 길어 올리는 자리
흰빛 새오는 날개옷으로
사흘간의 고행을 마치고
뜨거운 생 살다 간 그녀

달빛 교교한 밤
앉은 채 다비 끝낸
검은 입술 사이로
경전 읊는 소리가 적막하다

놓쳐 버리다

K은행 여자 화장실이 갑자기 소란스럽다, 멀쩡하게 생긴 그 여자, 세면대 수도꼭지를 열어 놓고 하얀 운동화를 연신 적시고 있다. 한 손엔 여행용 캐리어 손잡이를 쥐고 그 위에 작은 가방 한 개가 얹혀 있고,

그녀가 또박또박 야무진 발음으로 연신 떠들어대는데, 김 아무개 이름과 주민등록번호를 줄줄 외우면서 "왜 나를 부르지 않고 그 남자를 부르냐 그년이 미친 거 아니냐"고 거울에 대고 말한다, 어라! 자기가 미친년인 줄도 모르는 게 분명하다, 쉰 살 정도의 참한 그 여자, 하얀 얼굴에 숏 컷 한 생머리를 올백으로 빗어 넘겼지만, 갈가리 찢긴 그녀 영혼, 그 영민한 기억 줄기는 어느 바람결에 날아가 버린 걸까?

우주로 쏘아 올린 인공위성 천리안이 그녀가 잃어버린 시냅스 한 줄기라도 찾아 줄 수 없을까?

중앙통 그 은행에 출몰한 그녀는 단골손님인지, 창구 직원들이 눈도 까딱하지 않고 제 업무만 보고 있다, 그 광경을 지켜보던 경비원도 수차 겪은 듯, 고개만 절레절레 흔들며 여자 화장실 앞이라 엉거주춤 서성거리다가 가 버리고

그날,
놀란 나를 따라나선 영혼 없는 그녀 목소리가 내 발뒤꿈치를 꽉 물어뜯는다

낙엽을 읽다

단풍 한 잎 줍는다
잎자루에서 맥을 따라가다 보면
검게 말라 버린 잎 끝점
잎 살로
자식 셋 키워 낸
그물맥에서 빠져나온
내 발뒤꿈치가
가을걷이 끝낸 삭정이가 되었다

어느 별에서 왔는지도 모르다가
소리 없이 사라지는
느린 행성 하나

바람 속 낙엽이 우주를 뒹군다

밤새 누군가 벽을 두드렸다

저 막막한 물음의 소리를 들으며
누군가는 잠을 이루지 못했을지도 모른다
저 답답한 질문을 받으며
누군가는 잠을 설쳤을지도 모른다
더듬거리면서 가기엔
기어서 가기엔 우리 삶에
너무 흔한 일들이 많다

오늘도 살아낸 시한부 삶
산다는 건 숭고한 일이다

은빛 다방

송도 바닷가 언저리에 허름한 찻집
우툴두툴한 담벼락에 비닐이 펄럭이고
삐걱거리는 미닫이문 열고 들어서면
빨강 파랑 플라스틱 의자들이
몸 부비며 소곤거리는 집

판자벽에는 늙은 벽시계 추가
게으른 시간을 먹어 치우고
어떤 차든 찐 계란이든
무조건 오백 원이라고 써놓은
꾸불꾸불한 글씨들이
민망한 듯 서로 쳐다보며 웃는 집

시시콜콜 따끈한 얘기들이
찻잔 속 티스푼과 같이 돌아가고
썩은 나무 틈새, 벌레들이 우글거리는데
구석에 서 있는 몽당빗자루가
꾸벅꾸벅 졸고 있는 집

오백 원 동전 빛 머리카락
은빛 물결 출렁이는 그 찻집,
오늘은 나도 그곳에 앉아서
메밀차 잔 속에서 돋아나는 봄을 마신다

운수 좋은 날

날은 어둑해지는데, 배가 고프다, 고개를 푹 떨구고 날 버린 그녀를 생각하며 어슬렁어슬렁 걷다 보니 고속도로에 와 있다 갑자기 차가 급정거하는 날카로운 소리가 내 귀를 찢어 놓는데 무언가 쿵! 하고 나동그라진다,

- 뭐야? 이 인간아, 놀랬잖아 하긴 나의 허기를 네가 알 리 만무하지
- 야, 시팔 개새끼야,
- 그래 난 개새끼 맞다 왜?
- 뜬금없이 욕바가지 흠씬 얻어먹었더니 배가 부르네, 개 팔자가 상팔자라고 누가 그랬던가? 저놈이 몰고 온 시커먼 차는 구겨진 채 드러누워 쉬는군그래, 뭐
그렇게라도 자빠진 김에 쉬어 가는 거야
운수가 참 겁나게 좋은 날이다

자화상

초가을 소나기에
바람이
날개를 퍼덕거린다

젖은 날개를 말리던
나는
방 안에 앉아 하릴없이
빗소리를 따라 흥얼거리는데
어라,
겨드랑이가 간질거린다
귀뚜라미 날개도 젖는 밤
처서가 문구멍을 뚫고
나를 가만히 훑는다

쇼윈도 치매

여든네 살, 그 집 시어머니
막걸리 한 잔에 신명 나게 노래 가락 뽑으시고
집 안 가득 웃음꽃 뿌리는 명랑 할머니다
볼이 터지도록 수북한 양푼 밥을 드시며
며느리에게 선심 쓰는 말,
- 야, 이쁜 놈아 난 괜찮으니 나가 놀다 와
그러다가 뜬금없이 퍼질러 앉아 눈물바람이다
눈치 준다, 미워한다, 내가 우습지,
딸네 데려다 다오
속에 쟁여둔 서운했던 실타래 줄줄 풀어 놓는데
어디쯤에서 잃어버린 길을 더듬고 있을까
어제도 수족관에서 퍼낸 구피들을
거실 바닥에 퍼질러 놓고
파닥거리는 작은 것들을 보면서
깔깔 웃는 그녀 눈이 하는 말,
- 여기 나 좀 봐 달라고요

구피 주검을 쓸어 담으며
참한 그 집 며느리 중얼거린다
- 우리 시어머니 치매 온 거 맞아

끌림에 대하여
- 시

지금 어디에 계신가요
내 안에 묻어둔 불씨를 지펴줄
그대 입김이 필요해요

그 입김 닿는 순간
뜨겁게 달아오른

나를

별은 삼키고
새벽은 가두겠지만
그대가 끌고 가는 건지
내가 끌려가는 건지,
아무도 알려주지 않지만

부끄럽다는 말

동네 골목 채소밭 판자문 위, 색 바랜 현판에는
죽비 같은 궁서체 문장이 매달려 있다

'나의 직업에 사명과 정성을 다하며'
울타리가 얼기설기 쳐진 밭, 너풀거리는 채소들이
비 온 뒤 더욱 싱싱하게 푸른빛을 띠는가 하면
뜨거운 햇살 아래 축 늘어져 있기도 한데
가난과 슬픔의 힘으로 그가 키워가는
저 채소들은 그의 생과 같으리라
가을이면 누런 호박들이 밭고랑에 앉아 두런거리고 겨울이면 검정 비닐 조각 흩어진 빈 밭에 적막이 고이기도 한다
봄부터 가을까지 일터에서 사명과 정성을 쏟은 저 농부의 겨울은 따끈한 구들장을 지고 누워, 초봄 냉이와 쑥의 싹을 키울 테고

땅은 거짓이 없다는 뚝심 하나로 당당하게
제 일을 하는 속 찬 저 농부가 궁금하다

가끔 삶이 시시해지는 날,
준엄하게 일갈하는 그 반듯한 필체 앞에 서면
부끄럽다는 말이 무색해지게 글발의 눈빛이 매섭게 나를 노려본다

중앙동 골목길

납작한 집들이 굵은 힘줄로 어깨를 감싸고 있는
그 골목 안으로 술주정뱅이 김 씨가 비틀거리며 지나가고
폐지를 가득 싣고 등 굽은 순이 할매 리어카가
어둑한 골목 끝으로 떠밀려 가는

'먹고 갈래, 쉬어 갈래' 술 당기는 저 간판
소주방 강 양이 뜨악하게 오는 손님 뒷전에다
씹다 만 껌을 퉤, 뱉어버리는

어둔 밤 길바닥 살포시 내려앉은 전광판 글씨
'안 생길 거 같죠?
생겨요
좋은 일'
환한 저 문장,

번쩍거리는 문장에 홀린 강 양,
엉덩이 실룩거리며 가게 문을 활짝 여는
그 길

거미의 끈

그는 몸에서 끈을 뽑아낸다, 끈적이는 끈으로 가족의 밥그릇을 짊어진 채
고층 빌딩 창문에 매달린다, 미끄럽고 가파른 생의 절벽에 붙어서
위태로운 끈을 끈질기게 물고 간질거리는 발을 한 발 한 발을 내딛는다
그가 세상 속으로 팔을 뻗어 칸칸이 얼룩을 닦아내고
혀를 날름거리는 공중 길을 주름잡으며 가장은 자신의 생애를 투신한다

꽃들은 젖지 않는다

포항에는 중앙대가 있었다
어린 내가 그 골목길을 따라 걸으면
눈앞으로 길게 수족관이 펼쳐졌다
푸른 방어 떼가 수족관에
한 번씩 방류될 때마다
나는 눈을 질끈 감았고
감은 두 눈 안으로
앳된 꽃들이 들어왔다 사라졌다

5부

흐르는 얼굴도 강물도

퐁당이라는 말

퐁당은 물소리가 맑게 들리는 말
자그마하고 예쁜 계집아이 냇가에 앉아
흰 조가비 같은 발로 차올리는 물장난 소리
퐁당퐁당

알차게도 영근 동글동글한 소리
게슴츠레 감겨오는 봄잠을 깨우는 소리
튀어 오른 물보라가
그 간극을 건너오는 소리

밑바닥까지 가라앉았던 당신
기꺼이 내게로 오는 발자국 소리
퐁당퐁당

풋살구

지난봄의 일이다
양철대문 밖으로 늘어진
살구나무 그 가지에서 딴
살구 한 알
한 입 베어 물었더니
눈이 먼저 먹었는지
에구머니나, 눈물마저 찔끔거렸다

시다 못해 떫은 그 맛
멋모르고 대들었던
설익은 첫사랑 같은 맛

이젠 농익은 살구 한 알
겉은 누렇게 바랬는데
날마다 살구꽃을 피우는 나는
아직도 자라지 못한 감정이
풋살구만큼 시다

쪽물
- 인디고 블루

열두 폭 남색 바람이 새파랗다, 하늘을 삼키고도 볼그레한 쪽 풀
낫으로 한 아름 베어 빈틈없이 채운 항아리에 차갑고 맑은 물 넘치게 채운다
어린아이 돌보듯 도담도담 고무래로 뒤적이는 난, 스물다섯 어미가 되네, 시어머니 뱁새눈 고된 시집살이에 하루 허리 싹둑 베어먹고 햇빛 뼈 걸러내어 두 손으로 쳐들어보면 한쪽은 얼비치다가 다른 반쪽은 담록 빛 대쪽 같은 쪽 풀

처마 끝 빗물, 콩깍지 태운 잿물 받아 섞어 묵언의 숙생 지나면 곰삭은 명주 한 필 건져내어 찬물에 헹군다, 헹굴수록 선명하게 드러나는 청록빛, 순한 가을날, 빨랫줄에 바람 쳐주면 하늘 닮은 쪽물이 물빛으로 일어선다, 풀 비린내 남빛으로 옹골지게 차오르면 우수수 가을 비늘 치마폭에 담아야지

달 품었던 불잉걸 다홍치마 벗은 지 오래 햇빛에 바래지고 바람에 씻겨 쉰내 나는 쉰 살, 난, 시나브로 당신에게 물들어 갔지, 곱게 풀 먹여 자근자근 밟아 꼿꼿하게 다림질한 새하얀 무명 허릿단에 바람이 일어선다, 저녁노을 가져다가 한 필 더 물들인 날, 정강이에 물소리 우주를 적신다

허기

늦은 밤, 허기가 눈을 뜬다
개다리소반 위
달빛과 마주앉았다

빈 밥그릇의 적막,
내 등가죽에 달라붙어
비릿한 무늬로 새겨지고

언제였는지 기억마저 아스라한
한 끼니의 충만도
봄꿈처럼 쓰러진 지 오래
허기가 빈 양푼을 핥는 이 밤
들판의 보리 싹들이 어린 눈을 비빈다

흐르다

- 엄마, 뭐가 불만이세요?
밥상머리에서 뜬금없는 딸의 말
발그레 꽃잎 같던
내 얼굴 간 데 없고
우적우적 밥을 삼키는
심통 그득한 우주의 민낯

핼러윈이 뭐라고

마스크를 벗어 던진 청춘들이 구름처럼 몰려든
이태원 밤거리
어둠과 악마를 상징하는 검정색과 주황색으로
구멍을 낸 호박에 촛불을 켜는 '잭 오 랜턴'
핼러윈 데이

고막이 찢어질 것 같은 음악 소리와 괴성이
버무려진 거리, 그들은
유령, 박쥐, 괴물 복장을 한 채 밀물처럼 밀고
또 밀면서 내려갔다
좁은 골목길에서 촘촘한 밀도로 선 채 숨을
잘못 내뱉어 누군가 엎어졌다
선두가 엎어지니 겹겹이 엎어진 청춘들은
무참하게 쓰러졌다
축제가 무르익기도 전에

열다섯 살 어린 딸과 엄마가 손잡고 간 축제에
모녀가 먼 길도 함께 간 날,
- 아빠, 조금만 더 있다가 들어갈게,
마지막 전화의 여운
짓밟힌 비상 위급 신고 전화 열한 번,
메아리만 울리고

체육관 바닥에 진열된 주인 잃은 가방과 신발들 온기와 숨결,
흰 국화 송이송이 하늘에 꽃피운 저 청춘들
아직 뜨거운데
청춘 찬가, 구겨진 악보가 여전히 미완성이다

폰 값 똥값

동네 사거리 폰 가게에 붙은 간판,
화투 11월 똥 광이 빛난다,
그다음엔 똥값이 달라붙고

폰 값 똥값

저 가게 주인은
우주의 똥구멍을 본 적이 있나 몰라?

항아리

허름한 항아리 하나 시어머니 살림이다
막장을 담았다가 된장을 담기도 했던 저 속은
시어머니 쓴소리가 시큼하게 발효되어
사라진 지 오래
구름과 달빛을 품었다가
빗물 고이면 목련 꽃 배도 띄웠던
파란 하늘이 얼비치는 가을엔
국화꽃 다발을 꽂아두기도 했었는데
쉰다섯 해 겹겹이 삭은 나의 속내를 다 아는

저 항아리, 측은하다

호두는 어둠을 원했다

호두 한 바가지를 이웃 사는 이가 가져왔다
두 개를 손에 쥐고 굴리다가 절굿공이로 두어 번 내려치니 딱딱한 껍질이 반으로 쫙 갈라졌다 두 개의 큰 방이 그 속에 있다 그 속에 웅크리고 있던 진갈색과 검은 호두알이 작은 방마다 빼곡하게 차 있다 작은 방, 문 하나를 열자 드러난 미로, 그 미로를 따라 더듬거리며 더 깊이 들어가니 조각난 틈 사이에 숨어 있던 시커먼 호두알 한 놈이 대뜸 내게 말을 건넨다

- 눈부셔요, 난 이곳을 벗어나고 싶지 않아요

껍데기와 비늘 사이

삶이 쌓여 가니 이불도 나이를 먹는다, 장롱 속에 오래도록 가지런히 개켜 두었던 이불들을 끌어내렸다 그중에 첫 아들 예단으로 받은 옥색과 분홍색을 곁 댄 고운 이불 한 채, 손이 미끄러진다, 거기다가 누비 베개 두 개와 네 모서리에 청홍 수실 달린 방석은 어찌나 곱던지 펑퍼짐한 엉덩이로 슬쩍 앉아 보았다 딱 하룻밤 함께 덮고 잤던 그 이불, 망부의 비릿한 살 비늘 냄새가 난다

미루어 놓았던 헌 옷들도 버린다, 이삿짐처럼 싸놓은 큰일곱 개 보퉁이를 문 앞에 내다 놓으니 문밖에는 비가 내린다, 빗물에 떠내려갈 내 껍데기와 비늘 사이, 젊음의 열망과 혼란이 나를 길들여 놓은 지금, 봉인된 감정이 순한 짐승처럼 눈만 껌벅거린다, 껍데기든 비늘이든 벗어버려야 할 것들, 언젠가는 세상도 벗어야 할 날이 문밖에 서성이는데 이제는 벗는 연습도 해야지 싶은

기분은 기막히게 개운한데 이불장에서 새살이 돋고 있나, 이건 뭔 소리여?

6부

황혼의 노래

나는 어디에도 없다

낙엽 깔린 오솔길 걷다가

나는 단풍이라 말하고
당신은 황혼이라 말한다

나는 절정이라 말하고
당신은 절망이라 말한다

나에게
아직 헤맬 곳이 남아 있는가

새하얀 어성초 꽃

넉 장의 하얀 꽃잎들만
히로시마에 피었다고 했다
45년, 팔월이었다
그해 삼월에 나는 태어났지만
상처 없이 자랐다
그 꽃이
20년 전에 내 뜰에 뿌리내려
해마다 오월이면 온통 꽃밭을 이뤘다
더러 비린내가 서려 있고
더러 궂은비도 맞았지만
여든 해 가까이 멀쩡하게 살아 있는 내 명줄
저 어성초가 쥐고 있는 건 아닐지
지고 있는 유월을 보며 자못 궁금하다

마중

종소리가 먼저 마중 나오는 산사
물속에서 건져 올린 천년 범종의 젖은 눈을
본다
저 거대하고 묵직한 범종은
작은 종들을 품고 있다

다시 겨울이 오면 저 범종은
차가운 몸 안에 묵언하던
깊고 그윽한 소리를 심기 위해
종소리를 멀리 날려 보낼 것이다
저녁 종소리 등에 업고 내려온 만추 해거름,
내 등이 따뜻하다

마지막 먹이

해거름이 되고 보니 어떤 고얀 놈이 큰 아가리로 내 삶을 다 먹어 치웠네
지난 내 삶을 야금야금 파먹어 간 저 괴물은 언제부터 나를 노리고 있었을까?
그놈은 일흔 훌쩍 넘은 내 생을 꿀꺽 삼키고도 뻔뻔한 얼굴로 벙글거리며 내 남은 생으로 또 배를 채우려고 째려보고 있는데

이제부터 얄미운 그놈이 노리는 남은 빈터를 들꽃으로 가꾸어 볼까, 우거진 숲속에 풀 여치가 폴짝 뛰어다녀도 좋을 새벽이슬 열린 풀잎에 치맛자락도 적셔 보고 싶어 해 질 녘 한 양푼의 붉은 노을로 배를 채운 나는 도랑물 소리 들리는 그 길을 맨발로 오래 걸어 보며 나는 그렇게 천연덕스런 내 안의 아이와 놀고 싶은 것이다

갈바람에 흔들리다 마른 갈잎이 되는 날,
이윽고 먼 데 북소리 가까이 둥둥 들려오면
저녁노을 속으로 조용히 떠나도 좋으리

바람을 베끼다

뒤뜰에 동그마니 서 있는 목련나무 한 그루
먹구름과 햇살로 무성해진 어린잎들
튼튼한 날개를 퍼덕이며 그들은 날아가 버렸어
나무는 윤기 흐르던 연두 잎들을 생각하곤 해

촘촘한 틈새로 날아온 샛바람이
꽃눈 시리게 하지만
바람이 불러온 4월, 봄의 속살 포실해질 때면
저 가지에도 보라색 목련이 몽실몽실 피어나리라

바람은 늘 그렇게 봄을 베끼지
묵은 가지에도 꽃이 핀다는 그 말을
툭툭 건드리면서

바람의 자국

통도사 입구 무풍한송로에
무희 소나무 두어 그루,
낭창한 허리에 긴 두 팔 벌려 춤을 춘다
어린눈 뜰 적부터 바람결 따라
휘어지는 법을 배워
매운바람이 키워 낸 가지마다
깊숙하게 새겨진 춤,

저 소나무처럼 바람이 휘돌아 간
내 생의 자국에도
수없이 반복되었던 미혹과 깨달음이 있었다
오늘 그 길 천천히 걷는다

봄 감기

이른 봄에 핀 어린 꽃들은
감기를 앓고
동백 낙화 꽃 무덤도 쿨럭거리네

어쩌다 나도 아프네

아픈 몸으로 잠시
봄을 들여다보다

휘청, 몸이 중심을 잃네

봄의 꼬리가

물컹 밟혔네

추억에서

포항 육거리 골목길
모래 없는 언덕 해원에
푸른 깃발 펄럭인다
누구를 위한 사랑의 깃발인가
온 세상 다 끌어안는
바다, 옥이의 푸른 치마폭이다

실개천에 달 뜨는 밤이면
골목길 순례객 고단한 나그네들
저 푸른 기폭 베고
스르르 잠이 드는 곳
포항 육거리 옥이의 푸르른 깃발,
영원처럼 펄럭인다

삭제되다

너의 가슴에서
나는 이미
잊혀진 이름이었다
네 기억의 회로에
내 이름은 없었다

나도 한때
네게 꽃이었으므로
낡은 나의 향기를 피해
너는
더 멀리 날아갔다

가난한 이미지 하나로
나는 더욱 너를 불러보지만
너는
낡은 저녁 나의 창밖으로
멀리 더 멀리
달아나고 있었다

서랍, 그 막장 칸에 대하여

소슬한 가을 저녁, 낙엽 한 장 툭 떨어지고
내 낡은 생의 서랍 열어 본다
맨 밑바닥에 있던 통증과
기억들 토닥이며
가볍게 더 가볍게 안아 본다

서랍 속에 가두었던
눈부신 첫사랑의 갈피에는
청춘이 앓고 지난 신열이 있고
그 신열은 아직 나의 허술한 열정을 틈타
기막힌 연애를 꿈꾸는데

생의 막장에서 한 번쯤 나에게도
마중 나갈 그 사람이 찾아올 것만 같은
가을 저녁

집이 운다

가끔 집이 쩡 하며 운다
몸이 출렁일 때마다 설움을 토해낸다
집을 받쳐오던 푸른 등걸이
핏기를 말려가며 해를 넘기는 동안
나도 이제 혼자 빈집에 앉아
눈물 없이 울고 싶은 때가 왔다

닻을 내리다

서천 항에 닻이 수북하게 쌓여 있다
그는 바다 허파를 짓누르던 축축한 기억을
말리는 것이다

그물을 던진 어부가 먼 곳을 바라볼 동안
그물에 엮어진 어부 주름살이 황혼에 물드는 동안
그가 물 밑바닥에 납작 엎드린 가자미가 되는 동안
갈매기 울음 따라 큰 어장을 찾아가는 동안
또 다른 물맛을 보기 위해 갑판에서 쇳물 옷을 말리는
동안

나는 어디쯤에서 닻을 내리게 될까

차 율리아나 시인 첫 시집 《아버지의 풍차》 해설

마음과 마음을 잇는 자전적 고백의 시

김성춘/시인, 전 동리목월문창대학 교수

1.
차 율리아나 시인의 시들을 읽으며 새삼스레 시란 무엇인지, 그리고 시인이란 무엇인지를 생각한다. 진정 시란 무엇이고 시인이란 무엇일까? 우리의 삶처럼 시에도 정답은 없다. 그러나 명답은 많다.
즉, 시인은 허구와 진실이 결합된 상상을 매개로 유기적인 상황을 만들고 독자의 이해를 돕기 위해 행과 연의 여백을 통해 독자들의 사유를 유도한다.

또한 시 쓰기는 시인의 저장된 기억과 추억을 노출시켜 물리적 실체로 형상화해 나가는 일이다. 한 편의 시를 만들어 가는 과정에서 시인은 끊임없는 질문과 끊임없는 상상을 통하여 새로운 비유와 압축을 시도하면서 각 문장에 효과적인 역할을 부여하여 시의 맥락이 하나의 단서로 완성시켜 나가는 것이다.

*

차 시인의 시집 원고를 보며 나는 잠시 옛 생각에 젖는다. 아마 십 년도 훨씬 지난 2007년 경주의 어느 봄날이었던 것 같다. 토함산 기슭 동리목월문학관에서 문학에 대한 열정 하나로 매주 우리는 시처럼 만나서 시를 함께 배우고 가르치면서 아름다운 추억을 만들어 갔다. 차 시인은 매년 말 각 과정을 수료할 적마다 표창장, 모범상, 최우수상 등을 수상, 매우 모범적이고 성실한 학생이었다. 그녀는 성악도 좋아하여 수업 후 뒷자리에서 노래를 청하면 주로 가곡을 잘 불렀다. 지금도 그녀의 노래 실력은 한층 승승장구하고 있다. 추억은 이제 몇 컷의 아득한 흑백 사진으로만 남았다.

*

시로써 동고동락했던 동리 목월 문학관 시절, 어느 날 반가운 소식이 문학관에 떴다. 차 시인께서, 시 〈아버지의 풍차〉로 동서문학상을 수상했다는 소식이었다. 우리는 그의 수상 소식에 환호했다. 그의 출발을 함께 축하했던 기억이 새롭다.

*

- 히로시마 금속 탐지 기사였던 아버지, 해방 후 귀국하며 가져오신 유성기 검은 상자 안 둥근 판이 뱅글뱅글 돌아간다, (중략) 기와집 햇살 바른 마루 끝 걸터앉은 다섯 살 계집아이, 이 속에 어떤 여자가 숨어 있을까? 상자 밑을 자꾸 들여다본다(후략)
- 시 〈아버지의 풍차〉 중에서

일상의 가정에서 흔히 일어날 법한 아버지의 외도. 그 사건이 불러일으키는 갈등 속의 가족사를 마치 짧은 단편 소설처럼, 수필 같은 구성으로 형상화한 산문 시, 〈아버지의 풍차〉는 솔직한 화법이 돋보이는 시였다, 독자의 마음과 마음을 잇는 자전적인 고백의 시였다,

차 시인의 시 세계는 '아버지의 풍차'에서 볼 수 있듯, 치열한 일상의 삶의 현장에서 시인이 체험한 감동적 서사를, 고백하듯이 쓴 산문 스타일의 시들이 주류를 이룬다. 그의 일상은 주로 그의 삶, 거주지인 포항을 중심으로 전개시키고 있다.

*

아리스토텔레스는 "시는 새로운 생명의 호흡을 만들어내고, 시인은 그 생명의 가치와 보람을 길이 남기는 가장 위대한 창조자"라고 하였다. 익숙한 것에서 새로움을 찾아내는 일은 시인에게는 고통스러운 일이지만 또한 즐거운 일이기도 하다.

또한 변신의 작가, 카프카는 "책은 우리 내면의 얼어붙은 바다를 깨는 도끼여야 한다"고 했다. 그것은 인간의 사고방식을 변화시킬 수 있는 힘이 '글자' 속에 들어 있다는 것이다.
한낱 기호에 지나지 않는 단어를 적절히 조합해서 사물의 대상을 섬세하게 그려 낼 수 있듯이, 인간이 가진 언어의 힘과 언어의 능력은 무궁무진하다는 것이다.
새로운 이야기를 창조한다는 것은 가치 있는 일이고 삶에 커다란 활력소가 된다.

2.
차 시인의 시들은 슬픈 가족사의 주름들로 가득하다. 시인은 마치 진혼제를 치르듯, 그의 과거를 현재로 불러낸다. 남편과 어머니, 형제들을.

한마디로 가족 몸부림의 스토리다. 슬픈 주름들의 서사다.

- 때로 적막한 틈새로/내 안에서 숨 쉬는/나무 하나 있다/(중략)/데킬라 술잔에 빠진 적 있었던/(중략)/파도에 몸 맞추며/푸른 피톨 부대껴 온 일흔 해/망망대해 햇덧에 걸려/천천히 말라갔던/그 나무

- 시 〈나무〉 중에서

- 난, 마지막 남편의 유품을 걸기 위해 못을 친다/어설픈 망치질에 튕겨 나온 못/앗, 젊은 남편이다/- 여보, 또 튀어 나가?

- 시 〈못〉 중에서

- 당신 계신 그곳에도 눈이 내리나요/(중략)/쓸쓸을 베고 누운 이 밤/내 늙은 등 뒤로 눈은 속절없이 쌓이고/(중략)/싹을 숨긴 보리가 살며시 봄에 안기듯/나 당신에게 가는 날엔/펑펑 함박눈이라도 내렸으면 좋겠습니다

- 시 〈설국 연가〉 중에서

떠난 남편과의 추억을 한 그루 '나무'로, 때로는 잘못 박은 '못'으로, 때로는 펑펑 쏟아지는 함박눈으로 추억들은 다양한 이미지로 변주되면서 슬프고 아름답게 형상화시키고 있다.

- 병원 중환자실에 그녀는 납작하게 누워 있었다 /실낱같은 명줄, 입속은 온통 핏덩이로 엉겨 붙은 채/(중략)/도토리 같은 우리와 걸었던 푸른 시절/(중략)/그녀 몸에는 늘 땀띠 꽃이 자욱했다

- 시 〈엄마〉 중에서

- 휘영청 달이 떠오르면/엄마는 가마솥에 바가지로 숭늉 물을 부었고/허기진 개는 수북한 양푼을 말갛게 핥았지/달의 이마에 깊은 주름과 그늘은/엄마 마음에 박힌 옹이였었지/(중략)/올해에도 정월 대보름날, 하늘에 떠오른 엄마

- 시, 〈엄마의 생일〉 중에서

이름만 들어도 눈물이 왈칵 날 것만 같은 엄마라는 이름!
그 감동과 눈물의 샘, 엄마!
시인은 시 어머님과의 아픈 추억, 그 슬픈 가족사의 주름도 시 속으로 소환한다.

- 등이 방바닥에 맞붙은 어느 봄날 새벽/목울대에 계곡 물소리 따라/먼 길 떠나신 시어머니/복수가 차오른 불룩한 배가 내려가고//들숨 날숨 길/듣던 길/내보내던 길/새 생명이 태어난 길//이 모든 길을 나는/탈지면으로 꽉 막았다/세상과의 통로가 닫히는 소리//명주 옷자락에 고인/기다림도 설움도 훌훌

벗어 놓고/일흔여섯 막이 내렸다

- 시〈염〉 전문

- 화장한 시어머니 골분 항아리 집에 모셔왔다/손 없는 날 매장하자는 시누이 말,/거실 찻상에 모셔 둔 흰 보자기에/달빛이 환히 비추던 새벽/(중략)/보자기 풀어 놓고 시어머니 분골 항아리/쓰다듬는다// - 어머니 왜 그리도 저를 구박하셨나요?/- 아가야 미안하다, 내 팔자 더러워서 괜한 트집 잡았네/(중략)/청상과수 시어머니, 생과부 며느리 뒤늦은 화해/환한 새벽달 그녀의 등 토닥거린다

- 시〈화해〉 중에서

시 '염'과 '화해'는 설명이 필요 없는 시 어머님과의 슬픈 가족사가 소재다.

소녀 시절, 전쟁의 기억이 바탕이 된 6.25 얘기도 인상적인 작품이다.

- 검정 고무신을 양손에 꼭 쥐고 암팡지게 소달구지를 따라 걸어가던 맨발의 내가 있다//깊은 산골짜기에 쳐놓은 움막을 들이받던 산돼지의 울음소리가 있다/엄마를 찾던 젖먹이 울음소리가 있다/양식을 구하러 백사십 리 길을 걸었던 아릿

한 엄마의 흰 광목 치맛자락 소리/그믐밤 그 울음소리에 씻긴 새벽달이 있다//말랑하게 익은 머루 다래를 따 먹었던 달콤한 기억 뒤로 우박같이 쏟아지는 총알을 피해 뛰어 내려간 산비탈에 인민군 소년병 주검이 있다//어어? 빨갱이 얼굴이 어째서 하얗지?//전쟁은 늙지도 않고//아직도 축축한 기억 속에 매달려 있다

- 시 〈그해 유월〉 전문

지금까지 차 율리아나 시인의 시 세계를 주마간산 격으로 살펴보았다.
그의 시들은 난해한 구석이 없이 소통이 잘 된다. 이것은 시의 근육을 잘 키워 온 시인의 적확하고 명징한 언어에 대한 연륜이 있기 때문일 것이다.

차 시인은 오래전부터 하고 싶은 성악 공부도 하면서 얼마 전 전국 성악 콩쿠르에도 참가하여 노래하는 시인으로 기대를 모으고 있다는 즐거운 소식도 들린다. 연말에 출판 기념회를 겸한 독창회 북콘서트를 열겠다니 귀감이 되고 반갑다.

일상 속의 가족사 시편들 외에도 삶의 단면을 구체적인

감각으로 노래한 시편들('뽀작꽃', '물 위의 집', '결', '퐁당이라는 말', '풋살구', '흐르다', '끌림에 대하여', '집이 운다', '나는 어디에도 없다' 등등), 인간에 대한 성찰이 돋보이는 시편들로 그의 시는 다양한 일상적 꽃이 만발한 꽃밭 같다.

문학엔 삶을 일으켜 세우는 강한 힘이 있다.
시인은 자신의 삶을 성찰하면서 끊임없이 질문하고 노력해 가야 하리라.
장르를 바꾸어 얼마 전에 완성한 단편 소설 두 편과 시나리오 한 편을 공모전에 보냈다는 소식이 들렸다. 끊임없이 달리는 그 열정에 찬사와 응원을 보낸다.
아름답게 나이 들어가는 시인의 산수 연에 헌사 같은 선물, 차 율리아나 시인의 첫 시집, 《아버지의 풍차》 출간을 진심으로 축하드리고
무궁한 앞날의 대성을 기원하며 즐거운 축배를!

2024. 8.